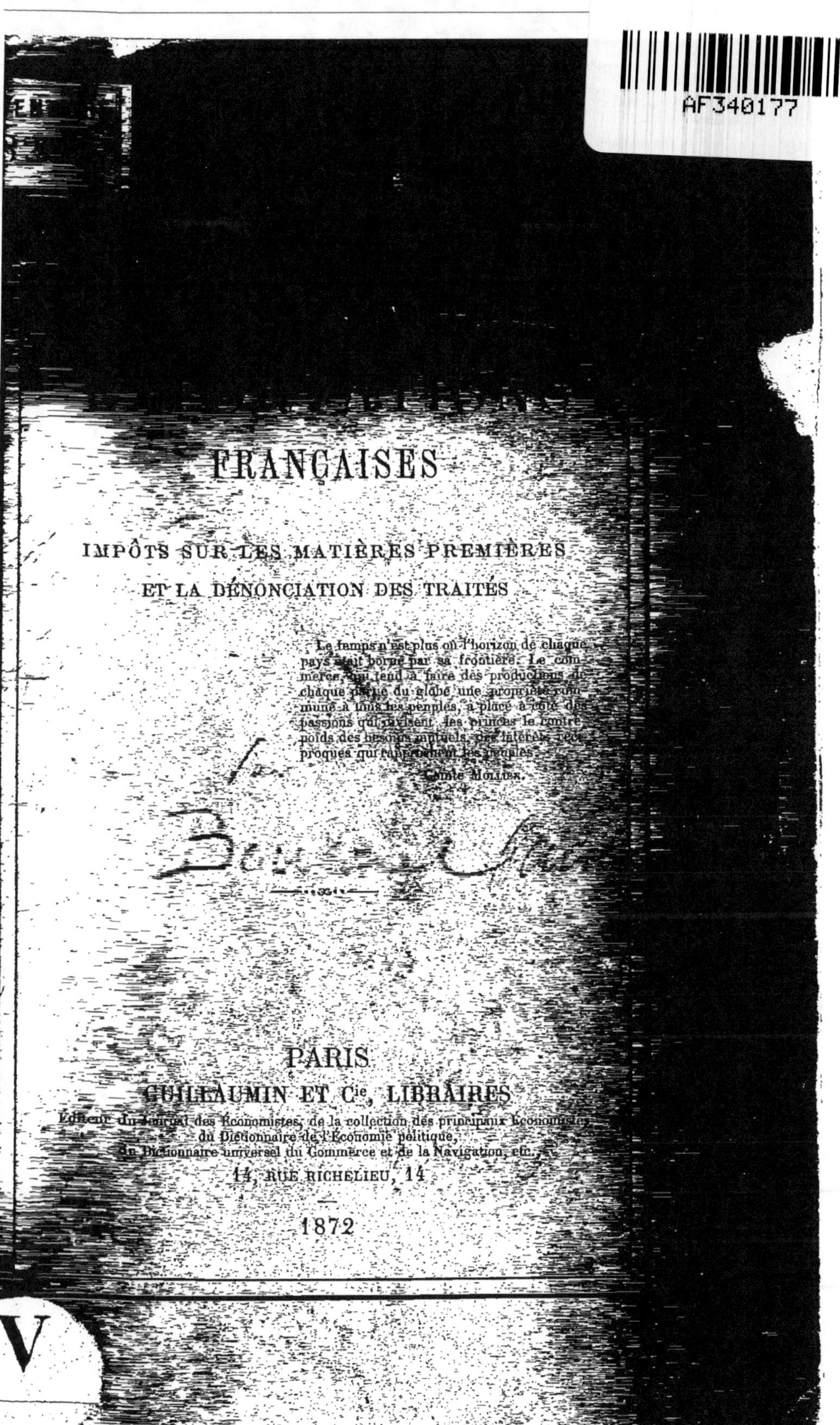

FRANÇAISES

IMPÔTS SUR LES MATIÈRES PREMIÈRES

ET LA DÉNONCIATION DES TRAITÉS

> Le temps n'est plus où l'horizon de chaque
> pays était borné par sa frontière. Le com-
> merce, qui tend à faire des productions de
> chaque partie du globe une propriété com-
> mune à tous les peuples, a placé à côté des
> passions qui divisent les princes le contre-
> poids des besoins mutuels, des intérêts réci-
> proques qui rapprochent les peuples.
> — Comte Mollien.

PARIS

GUILLAUMIN ET Cie, LIBRAIRES

Éditeur du Journal des Économistes, de la collection des principaux Économistes,
du Dictionnaire de l'Économie politique,
du Dictionnaire universel du Commerce et de la Navigation, etc.

14, RUE RICHELIEU, 14

1872

[illegible handwritten inscription]

LA RUINE

EXPORTATIONS FRANÇAISES

Chartres. — Imp. de Georges DURAND, rue de l'Hospice.

LA RUINE

DES

EXPORTATIONS

FRANÇAISES

IMPÔTS SUR LES MATIÈRES PREMIÈRES

ET LA DÉNONCIATION DES TRAITÉS

> Le temps n'est plus où l'horison de chaque pays était borné par sa frontière. Le commerce, qui tend à faire des productions de chaque partie du globe une propriété commune à tous les peuples, a placé à côté des passions qui divisent les princes le contrepoids des besoins mutuels, des intérêts réciproques qui rapprochent les peuples.
>
> Comte MOLLIEN.

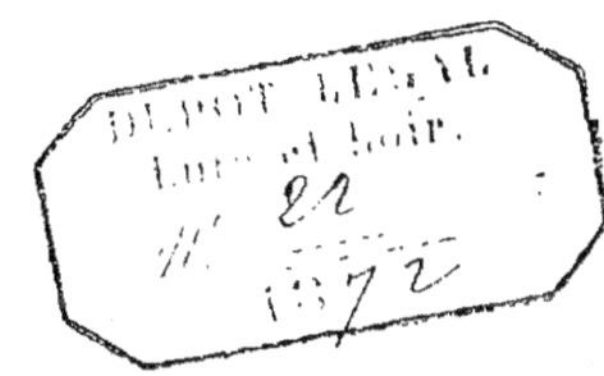

PARIS

GUILLAUMIN ET Cᵉ, LIBRAIRES

Éditeur du Journal des économistes, de la collection des principaux Économistes,
du Dictionnaire de l'Économie politique,
du Dictionnaire universel du Commerce et de la Navigation, etc.,

14, RUE RICHELIEU, 14

1872

LA RUINE

DES

EXPORTATIONS FRANÇAISES

IMPÔTS SUR LES MATIÈRES PREMIÈRES
ET LA DÉNONCIATION DES TRAITÉS

I.

Après bien des controverses plus ou moins savantes et plus ou moins passionnées, le grand principe de la liberté commerciale, qui a eu successivement pour parrains et pour défenseurs nos économistes et nos hommes d'Etat les plus remarquables, est reconnu aujourd'hui comme constituant le seul moyen capable de nous assurer la prépondérance sur les marchés de l'univers.

Il n'est pas jusqu'à ceux qui lui furent jadis les plus hostiles qui n'y aient adhéré, et M. Thiers lui-même, l'auteur du fameux programme de 1851, l'ennemi le plus redoutable du traité de commerce franco-anglais, aura puissamment contribué à l'introduire chez nous.

Après avoir affirmé pendant dix ans que ce traité nous conduirait directement à la ruine de toutes nos industries, le chef actuel du pouvoir, vaincu par l'évidence des faits et des statistiques, a solennellement déclaré dans son message à l'Assemblée nationale, du 5 décembre 1871, qu'il renonçait aux prohibitions et qu'il acceptait la liberté organisée.

« Nous n'avons pas voulu, dit-il, nous faire les
» auteurs d'une réaction industrielle, en subs-
» tituant la prohibition au libre échange absolu.

. . . .

» Nous laisserons subsister tous les tarifs sur
» les fers et sur leurs dérivés, sur les houilles,
» sur les produits chimiques, la verrerie, la
» cristallerie, la céramique, les lainages unis,
» les poissons frais et salés, en un mot sur la
» plus grande partie des échanges. »

En conséquence de ses déclarations, M. Thiers demande deux modifications consistant :

1° Dans une faible augmentation tantôt de

3 0/0, tantôt de 5 0/0, des droits sur les fils et tissus de coton, de lin et de laine.

2° Et dans la surélévation des droits, de 12 à 18 0/0, sur les tissus mélangés de Roubaix.

« Et ces modestes changements, poursuit-il,
» nous les avons demandés, moins pour obtenir
» une élévation variable des tarifs existants,
» que pour assurer leur loyale application. Il
» arrive, en effet, que, par les fausses décla-
» rations en douane, les tarifs se trouvent
» réduits de 3, 4 et même 5 0/0, de manière
» que l'augmentation réclamée n'aurait pour
» effet réel que de rendre sincère l'application
» du traité de 1860. »

Ainsi donc, il n'y a pas d'équivoque possible, ce n'est pas le principe même de la liberté commerciale que M. Thiers veut atteindre au moyen des surtaxes qu'il réclame, il veut uniquement supprimer les fraudes résultant du traité de 1860.

Ce fait établi, examinons successivement :

1° Le traité de commerce de 1860 que nos adversaires osent encore accuser aujourd'hui de consacrer le principe du libre échange *absolu*.

2° Les résultats du traité spécial avec l'Angleterre, du 1er janvier 1861 au 31 décembre 1869.

Pour bien faire apprécier les avantages du traité de commerce, comparons les résultats obtenus pendant les 9 années qui ont précédé le traité, et ceux obtenus pendant les 9 années qui l'ont suivi :

COMMERCE SPÉCIAL DE LA FRANCE
AVEC TOUTES LES PUISSANCES.
Exportations et importations de 1852 à 1870.
(Valeurs exprimées en millions de francs).

ANNÉES.	EXPORTATIONS.	IMPORTATIONS.
1852	1.256.9	989.4
1853	1.541.9	1.196.1
1854	1.413.7	1.291.6
1855	1.557.9	1.594.1
1856	1.893.0	1.989.8
1857	1.865.8	1.872.9
1858	1.887.2	1.562.8
1859	2.266.4	1.640.7
1860	2.277.1	1.897.3
	15.960.9	14.034.7
Total..	29.995.6	

ANNÉES.	EXPORTATIONS.	IMPORTATIONS.
1861	1.926.3	2.442.3
1862	2.242.7	2.198.6
1863	2.642.6	2.426.4
1864	2.924.2	2.528.2
1865	3.088.4	2.641.8
1866	3.180.6	2.793.5
1867	2.825.9	3.026.5
1868	2.789.9 [1]	3.303.7
1869	3.074.9 [1]	3.153.1
	24.695.5	24.514.1
Total..	49.209.6 [2]	

Ces chiffres démontrent éloquemment que depuis le traité de commerce le total de nos exportations a pris un développement considérable.

---

[1] 1868-1869. Exportations moins fortes. Fermeture du marché des Etats-Unis ; et pourtant, malgré la perte de ce grand débouché, le commerce général de la France, pour 1869, représente une valeur totale de 8 milliards 2 millions de francs, ce qui constitue un accroissement de 2 milliards 590 millions sur 1859.

[2] Discours Deseilligny. 12 janvier 1872.

En effet :

Dans la première période (1852 à 1860), nos exportations ont été de. . .   15.960 millions.

Nos importations ont été de   14.034   —

Ensemble. . . . . . .   29.994 millions.

Dans la seconde période (1861 à 1869), nos exportations ont été de. . .   24.695 millions.

Nos importations ont été de   24.514   —

Ensemble. . . . . . .   49.209 millions.

D'où il suit que notre commerce spécial, importations et exportations réunies, a augmenté en 9 années de 19 milliards 214 millions.

Et comme tout le monde admet qu'il n'y a que deux moyens pour payer nos dettes, l'économie dans les dépenses budgétaires et le développement de nos diverses industries d'exportation, nous nous demandons comment il se fait qu'on ait pu commettre l'imprudence de dénoncer le traité avec l'Angleterre et la Belgique, quand nous sommes encore engagés avec l'Autriche, la Suisse et l'Italie, jusqu'en 1877.

Arrivons maintenant aux résultats du traité avec l'Angleterre :

COMMERCE SPÉCIAL DE LA FRANCE AVEC L'ANGLETERRE

Années 1859 et 1869.

(Valeurs exprimées en millions de francs).

EXPORTATIONS DE FRANCE EN ANGLETERRE.

	1859	1869
Produits naturels (Matières premières)....	29 1	95 5
Produits alimentaires..........	221 4	302 8
Produits manufacturés.........	325 4	498 1
Marchandises diverses..........	15 3	13 2
TOTAL...............	591 2	909 6

IMPORTATIONS D'ANGLETERRE EN FRANCE.

	1859	1869
Produits naturels, (Matières premières)...	202 9	299 0
Produits alimentaires..........	8 2	29 7
Produits manufacturés........	53 3	205 6
Marchandises diverses........	13 8	16 7
TOTAL...............	278 2	551 3

En 1869 le chiffre de nos exportations s'est élevé à.................... 909 millions.

En 1869 le chiffre des impor- —
tations anglaises a été de.... 551 —

La différence en notre faveur pour l'année 1869 est donc de. 358 millions.

Si nous restreignons la comparaison à 1869 et à 1859 nous avons :

1869. Exportations........ 909 millions.
1859. — ... ... 591 —

Soit une augmentation en faveur de 1869 sur 1859 de.... 318 millions.

Si enfin la comparaison porte seulement sur les produits manufacturés, nous trouvons les résultats suivants :

1869. Exportation des produits manufacturés...................... 498 millions.
1859. Exportation des produits manufacturés...... 325 —

Différence en faveur de 1869 sur 1859. .... 173 millions.

Les adversaires du traité font remarquer que

les importations anglaises ont augmenté dans
de fortes proportions. Il est évident que ce traité
a facilité les échanges tout aussi bien chez
notre voisine que chez nous.

Nous n'ignorons pas que les importations
anglaises de toutes natures, qui en 1859 étaient
de 278 millions, se sont élevées en 1869 à
551 millions, soit une différence en plus, en
faveur de l'Angleterre, de 273 millions; mais il
ne faut pas oublier que notre chiffre d'exportations s'est dans le même laps de temps accru
de 318 millions.

D'un autre côté, l'importation anglaise en
France des produits manufacturés, qui était en
1859 de 53 millions, a, nous ne l'ignorons pas,
atteint, en 1869, 205 millions, soit une différence en plus de 152 millions.

Mais il faut se souvenir que pour la France,
la différence entre les produits manufacturés
exportés en 1859 et ceux exportés en 1869 est
de 173 millions.

Et nous ne faisons pas entrer en ligne de
compte l'agriculture, qui en 1869 a expédié en
Angleterre pour 302 millions de produits ali-

mentaires, lorsqu'en 1859, elle n'avait expédié que pour 221 millions.

D'où une différence pour l'agriculture de 81 millions.

Et si nous prenons seulement la période de neuf années comprise entre le 1er janvier 1861 et le 31 décembre 1869 :

(Valeurs exprimées en millions de francs).

ANNÉES.	EXPORTATIONS.	IMPORTATIONS.	DIFFÉRENCES.
1861	456	438	18
1862	619	527	92
1863	799	592	207
1864	891	567	324
1865	990	599	391
1866	1.153	652	501
1867	907	568	339
1868	878	579	299
1869	909	551	358
			2.529 millions

Nous avons une série d'excédants des exportations sur les importations dont le total s'élève à :

Deux milliards cinq cent vingt-neuf millions. [1]

---

[1] Discours Wolowski, du 1er février 1872.

En résumé, il suit de là que depuis le traité de 1860, le commerce de la France avec l'Angleterre n'a fait que croître, et que même dans les mutuels échanges qui se sont faits entre les deux pays, la balance a toujours été en faveur de la France.

Il se dégage encore, de l'étude comparative à laquelle nous venons de nous livrer, un autre fait qui, bien que ne se rattachant pas d'une manière directe à la thèse spéciale que nous soutenons, n'en doit pas moins être signalé.

C'est que l'Angleterre et la France sont les deux plus grandes nations industrielles du monde, tant en raison de leur puissance de production, que de la qualité et de la perfection de leurs produits.

Sous ce dernier point de vue les expositions universelles sont là pour prouver ce que nous avançons.

Il reste encore un fait à mettre en relief, fait peu connu, et duquel il résulte que le commerce de la France avec l'Europe est de beaucoup supérieur à celui que fait l'Angleterre sur les mêmes marchés.

Ainsi, nous constatons qu'en 1867, l'Angleterre exportait en Europe, en produits de toute nature, pour 1,600 millions, et que les exportations de la France dans les mêmes contrées s'élevaient à 2 milliards 300 millions, avec une différence en notre faveur de 700 millions.

II.

Les seuls reproches faits au traité de commerce de 1860 sont :

1° D'avoir été conclu sans le pays.

2° D'être le libre échange absolu.

Pour répondre exactement à la première de ces deux objections, il faut se reporter en arrière et remonter jusqu'au 9 juin 1856, époque à laquelle le Ministre du commerce présenta un projet de loi, portant retrait de toutes les prohibitions.

A cette époque les partisans et défenseurs de la liberté commerciale disaient :

En présence des nouvelles conditions économiques et sociales dans lesquelles nous nous trouvons placés ; en présence des modifications apportées dans nos rapports de toute nature, soit à l'intérieur, soit à l'extérieur, par la va-

2

peur et l'électricité ; en présence des ensei-
gnements donnés, et des succès obtenus par la
France aux expositions universelles de 1851
et de 1855, nous, partisans du progrès, de
l'amélioration du sort du plus grand nombre,
et par conséquent, de la production à bon
marché, nous demandons :

1° La levée de tous les droits sur les matières
premières ;

2° La suppression des primes et drawbacks ;

3° Le remplacement des prohibitions et des
droits prohibitifs par des droits très-modérés,
de manière à retirer aux producteurs le privilége qu'ils ont de lever impôt sur le consommateur.

Un *tolle* général poussé par le ban et l'ar-
rière-ban du monopole, Rouen, Roubaix, etc.,
accueillit ces justes réclamations et le projet
de loi dut être retiré.

Cependant, la nécessité d'agrandir le cercle
de l'activité industrielle, et de mettre le bien-
être matériel à la portée du plus grand nombre,
se faisait chaque jour plus impérieusement
sentir.

Il fallait satisfaire l'opinion publique et les tendances générales, en excitant la fabrication nationale par l'aiguillon de la concurrence étrangère ; malheureusement la routine et les intérêts attachés au régime protecteur opposaient une digue presqu'infranchissable aux progrès à réaliser.

Dans ces circonstances, le gouvernement, prenant le parti de passer par-dessus toutes les considérations mesquines qui lui faisaient obstacle, résolut de marcher seul.

C'est ainsi qu'au lieu de modifier législativement et progressivement nos droits de douane, on recourut directement au traité de commerce.

A qui la faute ? sinon à ceux qui avaient rejeté comme insuffisante une protection de 25 à 40 0/0, pour les industries très-arriérées, et de 15 à 30 0/0, pour toutes les autres ?

Comme on le voit, la responsabilité tout entière retombe sur M. Thiers et sur ceux qui, avec lui, repoussèrent systématiquement les propositions du gouvernement.

Quant à la seconde objection, consistant à dire que le traité de commerce franco-anglais n'est autre chose que le *libre échange absolu*, cela est complétement faux.

Loin d'être le libre échange dans son application la plus rigoureuse, le traité de commerce est une simple manifestation de la loi du progrès, tempérée par une sage protection.

Il a fait disparaître en principe les droits à l'entrée sur les matières premières et les prohibitions, tout en maintenant des droits protecteurs qui varient en moyenne de 8 à 12 0/0, et qui s'élèvent pour les fers jusqu'à 25 0/0.

Il paraît que notre industrie et notre commerce nationaux se sont assez bien trouvés de ce régime, puisque nous les voyons, eux que l'on disait être ruinés et agonisants, protester aujourd'hui contre tout retour au système prohibitif.

C'est en vain que le gouvernement cherche à se prévaloir des démarches faites auprès de lui par un certain nombre de Chambres de commerce.

La grande majorité, nul ne l'ignore, est contraire à toute protection.

Les plus beaux discours ne sauraient résister à la logique de ce fait.

Si d'ailleurs on veut se rendre un compte exact de la situation faite par le traité de commerce à nos diverses industries, on n'a qu'à jeter les yeux sur la nomenclature suivante :

Les matières premières nécessaires aux diverses industries, et dégrevées de tous droits, sont :

Laines, soies, coton, lin, chanvre, jute, crins, plumes, peaux fraîches ou sèches, os, dents, cornes, sabots de bétail, albumine, graisses, noir animal, fruits et graines oléagineuses, caoutchouc, garance, curcuma, orcanette, cochenille, kermès, indigo, quercitron, écorces à tan, cachou, rocou, carthame, soufres, bitumes, étain, gommes pures, liége, bois à construire, bois de teinture.

Les produits chimiques exempts de tous droits sont : acides sulfurique, nitrique, hydrochlorique, tartrique, tartrates de potasse, nitrates de potasse et de soude.

Les fabrications protégées d'après le tableau ci-contre sont :

FABRICATIONS PROTÉGÉES.		DROITS PROTECTEURS.	
		1860.	1864.
Houille..	1.000 kil.	1 50	1 50
Fonte............ { Brute...............	100	2 50	2 »
Fonte............ { Epurée..............	100	3 25	2 75
Fer { En barres..................... / Rails...................... / Fers d'angle et à T.............. }	»	7 »	6 »
Fer { Tôles.....................	»	13 »	10 »
Fer { Acier en barres..............	»	15 »	13 »
Clous forgés...................	»	10 »	8 »
Boulons et écrous................	»	10 »	8 »
Tubes en fer....................	»	13 »	11 »
Tuyaux en plomb................	»	5 »	3 »
Chaudières à vapeur en tôle de fer....	»	10 »	8 »
Cylindres en cuivre pour impression, gravés ou non gravés...........	»	15 »	15 »
Machines et Mécaniques { à vapeur fixes...........	»	10 »	6 »
Machines et Mécaniques { à nettoyer et à ouvrir........... (La laine, le lin, le coton et autres matières textiles	»	9 »	6 »
Machines et Mécaniques { pour la filature................	»	15 »	10 »
Machines et Mécaniques { pour le tissage................	»	9 »	6 »
Machines et Mécaniques { pour l'agriculture..............	»	9 »	6 »
Machines et Mécaniques { à fabriquer le papier...........	»	9 »	6 »
Laine. { Tapis..................... / Couvertures.................. / Bonneterie, Rubannerie.......... / Autres tissus.............. / Tissus mélangés.............. / Vêtements confectionnés........... }	La Valeur	15 0/0	10 0/0
Coton. { Tissus de 3 à 7 kil. les 100 mètres { 27 fils ou moins.......	100 kil.	80 »	80 »
28 à 35 fils...........	»	120 »	120 »
44 fils et au-dessus....	»	300 »	300 »
— 7 à 11 — — { 35 fils ou moins.......	»	60 »	60 »
44 fils et au-dessus....	»	200 »	200 »
— 11 — — { 35 fils ou moins......	»	50 »	50 »
63 fils et au-dessus....	»	80 »	80 »
Velours façon soie.............	»	85 »	85 »
autres	»	60 »	60 »

Coton.	Couvertures..........	La Valeur	15 0/0	15 0/0
	Autres tissus..........			
	Vêtements et articles confectionnés..........			
	Gazes et mousselines brodées..........		10 0/0	10 0/0
	Broderies à la main..........			
	Dentelles et blondes..........		5 0/0	5 0/0
Soie.	Tulles unis ou façonnés..........	»	Exempts	en 1864
	Tissus de bourre de soie..........	100 kil.	200 »	200 »
	Autres tissus..........	»	Exempts	
	Passementerie..........	»	1.200 »	1.200 »
	Rubans.......... { de velours..........	»	500 »	500 »
	Rubans.......... { Autres..........	»	800 »	800 »
Lin.	Tissus de 8 fils ou moins dans 5 millimètres..........	»	28 »	28 »
	— de 12 fils..........	»	65 »	65 »
	— de 15, 16 et 17 fils..........	»	115 »	115 »
	— de 24 fils et au-dessus..........	»	400 »	400 »
	Coutils unis ou façonnés..........	La Valeur	16 0/0	16 0/0
	Linge damassé..........	»	»	»
	Mouchoirs brodés..........	»	10 0/0	10 0/0
Lin.	Dentelles..........	La Valeur	5 0/0	5 0/0
	Bonneterie, Passementerie..........	»	15 0/0	15 0/0
	Vêtements et articles confectionnés..........	»	16 0,0	16 0/0
	Papiers de toute sorte..........	100 kil.	10 »	8 »
	Caractères d'imprimerie...	»	10 »	8 »
	Peaux préparées de toute espèce..........	»	15 »	15 »
	Peaux vernies, teintes ou maroquinées..........	»	100 »	100 »
	Ouvrages en peau et en cuir de toute espèce..........	La Valeur	10 0/0	10 0/0
	Horlogerie..........	»	5 0/0	5 0/0
	Coutellerie..........	»	20 0/0	15 0/0 1866
	Ferronnerie..........	100 kil.	9 »	8 »
	Chaudronnerie...	»	25 »	20 »
	Carrosserie..........	La Valeur	10 0/0	10 0/0
	Verres et cristaux..........	»	10 0/0	10 0/0
	Faïence..........	»	20 0/0	15 0/0
	Porcelaine..........	»	10 0/0	10 0/0
	Meubles..........	»	10 0/0	10 0/0
	Bougies..........	»	10 0/0	10 0/0
	Alcools..........	L'hectolitre	15 »	15 »
	Bière..........	»	4 40	4 40

Voilà donc à quoi se réduit ce funeste libre échange, contre lequel les prohibitionnistes ont tant déclamé dans la discussion qui à eu lieu sur les matières premières, au cours de la session 1871-1872.

Il est incontestable que la situation qui nous était faite par le traité de 1860 était celle de la *liberté organisée,* stimulant indispensable à toutes les industries qui ne veulent pas rester stationnaires, et qui désirent se soustraire au danger de ne pouvoir plus tard exporter leurs produits à cause de leur trop grande cherté.

Au surplus, les chiffres relevés dans les statistiques contiennent la preuve irréfutable des bienfaits amenés par le traité *franco-anglais.*

III.

La liberté commerciale est le but vers lequel doivent tendre tous nos vœux et tous nos efforts.

Ce n'est pas une panacée universelle devant guérir tous les maux de l'industrie ; il y aura toujours des crises, des souffrances générales ou locales, mais avec la liberté elles ne peuvent être que momentanées.

Le plus grand avantage de la liberté organisée est assurément de défendre l'intérêt général contre les intérêts privés, et d'enlever aux producteurs le privilége qu'ils ont de lever impôt sur les consommateurs.

Qu'est-il advenu depuis 1860, c'est-à-dire depuis le jour où il n'y a plus eu de droits sur les matières premières nécessaires à l'industrie, et où, par le fait de la suppression des prohibitions, nos fabricants ont pu introduire les fontes et les fers étrangers, acheter au dehors les machines à vapeur fixes, les machines-outils, les locomotives, les machines pour filature, les métiers mécaniques à tisser, etc., etc. ?

La loi du progrès s'est substituée à la routine, l'outillage s'est modifié, les vieux procédés ont disparu.

Le traité de commerce anglo-français a donc inauguré pour la France une *nouvelle politique commerciale,* que certains esprits prévenus ou intéressés s'obstinent à ne pas apprécier. Mais il devient de plus en plus impossible de prétendre que ce grand acte n'a pas été la principale cause de notre prospérité actuelle.

Cette importante innovation avait un double but. C'était en premier lieu de ne plus sacrifier l'intérêt du consommateur à celui du producteur, l'intérêt des agriculteurs à celui des industriels, et en second lieu de stimuler la production française et de l'amener à fabriquer à bon marché les objets de grande consommation des masses.

Il est incontestable qu'avec la liberté organisée, les industries malades ont péri.

De là des ruines.

Mais encore faut-il remarquer que ces ruines étaient inévitables. Elles eussent eu lieu en tout état de cause, par le seul fait de la transformation des diverses industries ou des perfectionnements d'outillage.

Exemple :

1° L'industrie du fer à la houille remplaçant l'industrie du fer au charbon de bois.

2° Les métiers mécaniques à tisser remplaçant les métiers à la main.

D'ailleurs, à côté de ces résultats fâcheux en apparence, il en a été acquis d'autres d'une incontestable utilité. Tels produits, par exemple, considérés naguère comme objets de luxe, ont été mis à la portée de tous, et sont devenus des objets de première nécessité.

Le traité de commerce a donc eu pour effet immédiat de contribuer puissamment au bien-être général et à l'amélioration du sort des classes ouvrières.

Depuis le traité, les *Annales du Commerce extérieur* constatent un accroissement considérable dans le chiffre de notre commerce spécial d'exportation.

Les neuf dernières années (1ᵉʳ janvier 1861 au 31 décembre 1869) donnent, exportations et importations réunies, une différence en plus de 19 milliards 214 millions sur la période correspondante des neuf années précédentes (1ᵉʳ janvier 1852 au 31 décembre 1860).

Notre commerce spécial avec l'Angleterre (du 1ᵉʳ janvier 1861 au 31 décembre 1869) donne en notre faveur un excédant d'exportations sur les importations de 2 milliards 529 millions.

Le relevé des appareils à vapeur de toute sorte employés par l'industrie constate une augmentation considérable dans le nombre des machines.

Exemple :

ANNÉES.	NOMBRE DE MACHINES.	FORCE EN CHEVAUX-VAPEUR.
1855	11.620	341.068
1868	31.094	827.216

En présence de tels résultats, et si, d'autre part, on jette les yeux sur la carte des voies et communications établies dans les cinq parties du monde au moyen de la vapeur et de l'électricité, on considère qu'on n'est plus au temps où les peuples se cantonnaient dans leurs frontières ; et qu'en ce qui concerne la France particulièrement, il y a une force expansive née du trop-plein de la production nationale qui la pousse au dehors, et aujourd'hui notre pavillon marchand flotte sur toutes les mers et visite toutes les stations connues.

Pourquoi donc vouloir tuer la poule aux œufs d'or, en revenant à l'impôt sur les matières premières qui a duré 44 ans, de 1816 à 1860 ; et surtout quand cet impôt a soulevé des protestations générales ; quand presque toutes les Chambres de commerce ont dit avec les maîtres de la science économique : *L'expérience démontre que la consommation diminue en raison de l'augmentation des prix ;* quand le commerce lyonnais est venu affirmer que cet impôt serait aussi fatal à nos diverses industries, que le fut autrefois la révocation de l'édit de Nantes ; quand nos deux grands ports de commerce, Marseille et le Havre, ont montré en perspective, dans un avenir prochain, la prééminence à leur détriment de Gênes et l'augmentation de la richesse de Liverpool ; comment oserait-on revenir à 30 ans en arrière, avec le système des primes et des drawbacks inventé pour les industries malades, et protecteur unique des intérêts de quelques-uns contre les intérêts de tous !

Oublierait-on que la liberté organisée a fait augmenter les salaires ; que par la protection exagérée, l'offre de la main-d'œuvre étant supérieure à la demande, les salaires diminuent, tandis qu'avec le développement du commerce extérieur, les salaires s'étant élevés, nos ouvriers sont devenus de gros consommateurs de sucre, de café, de vin et surtout de viande ?

Et que va-t-on faire en atteignant la production nationale par l'impôt sur les matières premières ?

On va droit à la protection des industries étrangères, car nos propres industries, avec les charges qui les grèveront, ne pourront plus lutter sur les marchés extérieurs.

La soie, le coton, la laine, iront se faire filer et tisser dans les pays où il n'y a pas d'impôts, et grâce à la modicité de la main-d'œuvre dans certains centres producteurs, nous serons expulsés de tous les marchés, et notre industrie d'exportation se trouvera ruinée.

Il convient de se rappeler ici l'opinion de nos anciens grands financiers.

« *Le système douanier n'est pas*, disent-ils, » *une invention de têtes spéculatives, mais une* » *conséquence naturelle de la tendance des peu-* » *ples à chercher des garanties de leur conser-* » *vation et de leur prospérité, ou à établir leur* » *prépondérance.* »

Donc, si le système douanier n'est pas un moyen d'impôt, mais une simple garantie ayant pour objet d'assurer notre prépondérance, on doit, en principe, lever les droits sur toutes les matières premières nécessaires à l'industrie et au commerce, car toute prohibition doit, dans ce cas, avoir pour conséquence d'en entraver le développement.

D'autre part, les masses consomment d'autant plus d'objets fabriqués, qu'elles les achètent à meilleur marché, et, en augmentant la consommation, elles font la fortune et la richesse du pays.

D'où l'impôt sur les matières premières amènerait forcément la diminution de nos exportations, et, en outre, celle de notre consommation intérieure.

Heureusement, l'Assemblée nationale, dans sa séance du 19 janvier 1872, a consacré par un vote solennel le principe si salutaire de la liberté commerciale, et a repoussé cet impôt.

La Chambre a bien compris que, pour établir sa prépondérance, une nation essentiellement agricole ne peut être riche qu'autant qu'elle possède de grandes industries pour transformer et consommer ses produits, et qu'autant qu'elle a un grand commerce d'échanges pour lui procurer les matières premières étrangères à son sol et indispensables à ces diverses industries.

Nous ne devons pas oublier de citer ce grand consommateur de matières premières : L'industrie parisienne.

La dernière enquête donnait les résultats suivants : Fabricants recensés 101,000, se divisant en trois catégories : Fabricants employant plus de 10 ouvriers; Fabricants ayant de 2 à 10 ouvriers; Fabricants travaillant avec un ouvrier ou travaillant seuls.

Le total des affaires des divers groupes : Alimentation, ameublement, vêtements, fils et tissus, métaux, industries chimiques et céramiques, imprimerie, papeterie, instruments de précision, horlogerie, peaux et cuirs, carrosserie, sellerie, brosserie, articles de Paris, etc., qui s'est élevé en 1849 à 1 milliard 460 millions, est de 3 milliards 369 millions.

Le chiffre des exportations est de plus de 350 millions.

Pourrait-on songer à entraver un tel essor de nos industries de luxe qui sont nos véritables industries nationales ?

Pourquoi donc oublier ce grand principe :

Ne doivent payer de droits de douanes que les objets consommés à l'intérieur du pays ?

Le régime de la prohibition l'avait si bien compris, qu'au nom du travail national et pour favoriser l'exportation de nos divers produits, il avait facilité l'admission temporaire des marchandises, sous condition qu'elles fussent réexportées. Il donnait en outre des primes, des drawbacks, encouragements à l'exportation.

Pourquoi donc vouloir grever aujourd'hui,

par une contradiction flagrante autant que nuisible, les matières premières nécessaires à nos industries d'exportation ?

Pour se rendre compte des avantages que notre industrie a retirés des modifications apportées par le traité de 1860, on n'a qu'à prendre l'ensemble des exportations de nos produits manufacturés, de janvier 1860 au 31 décembre 1869.

PRODUITS MANUFACTURÉS, VALEURS EN MILLIONS DE FRANCS DES EXPORTATIONS.

COMMERCE SPÉCIAL.

ANNÉES.	EXPORTATIONS.
1860	1.428
1861	1.181
1862	1.360
1863	1.490
1864	1.705
1865	1.674
1866	1.715
1867	1.530
1868	1.484
1869	1.639
Total.....	15.206 millions.

Comment pourrait-on soutenir en présence de chiffres aussi concluants que nos industries sont en décadence ?

Comment pourrait-on être assez imprudent pour vouloir grever et entraver ces industries, aujourd'hui que nous nous sommes imposés sur les marchés de l'extrême orient (les Indes, le Japon, la Chine), où autrefois nous n'osions affronter la concurrence de l'Angleterre, aujourd'hui que par l'exposition de 1867, nous avons non-seulement éveillé l'attention de nos voisins, mais encore excité leur jalousie.

En dehors de ces considérations purement industrielles, il en existe d'autres non moins puissantes et qu'on ne saurait oublier.

Si l'on examine en détail les divers éléments dont se compose la population française, on voit que sur 36 millions 500 mille habitants, il y a :

Agriculteurs. 20,000,000

Ouvriers..... 10,000,000 soit : { 2,000,000 pour la grande industrie.
 8,000,000 pour la petite industrie.

Arts libéraux

  et rentiers. 6,000,000

Il suit de là que les agriculteurs, auxquels il

importe de payer le moins cher possible les effets fabriqués, sont en grande majorité. Quant aux industriels et ouvriers composant le personnel des grandes industries qui demandent qu'on revienne à la protection, cette charte de l'aristocratie industrielle du gouvernement de juillet, ils sont au nombre de deux millions seulement.

On ne saurait évidemment sacrifier l'intérêt du plus grand nombre des consommateurs à l'intérêt du plus petit nombre. Ce qu'il faut, c'est la lutte des industries contre les industries, des usines contre les usines, des produits contre les produits, de laquelle doit sortir le bon marché pour tous les consommateurs.

Passons maintenant à une autre question :

Pourquoi dénoncer les traités de commerce avec l'Angleterre et la Belgique, quand nous sommes encore engagés avec l'Autriche, la Suisse et l'Italie jusqu'en 1877 ?

Parce que, dit-on, au nom des principes économiques, un grand État doit avoir la liberté de ses tarifs.

Au nom des principes économiques, nous

condamnons les traités; mais dans un pays comme le nôtre, où l'on change si facilement et si souvent de gouvernement, les traités ont le grand avantage d'éviter les modifications brusques et irréfléchies des tarifs.

Aussi tous les hommes d'État de l'Europe les ont-ils pratiqués depuis 15 ans, comme un moyen tutélaire, et nous sommes persuadés, quant à nous, qu'ils assurent la prospérité des industries d'exportation, en leur garantissant des tarifs immuables pour un certain nombre d'années.

IV.

Résumons-nous :

Pour nous, l'impôt sur les matières premières, quelque faible qu'il soit, avec ou sans drawbacks, sera une calamité pour toutes nos industries, surtout pour nos industries d'exportation ; et de la dénonciation des traités doit résulter une réduction incalculable dans le chiffre des produits exportés.

Il est impossible qu'en présence de nos désastres et de nos ruines, le gouvernement tente de nouveaux essais. Il ne peut vouloir recommencer brusquement une révolution économique qui compromettrait inévitablement la puissance productive de notre malheureux pays.

Il y a une question d'opportunité dont il ne saurait s'affranchir.

C'est pourquoi nous conseillons de ne refaire

notre tarif général des douanes qu'après mûr examen, et seulement à partir du 1er janvier 1877, époque où nous aurons notre pleine liberté.

Jusqu'à cette époque, nous croyons qu'il serait sage d'accepter, pour tarif général avec toutes les puissances, le traité franco-anglais de 1860.

Nous le connaissons pour l'avoir pratiqué, et depuis douze ans, nous avons pu nous convaincre que, loin de ruiner et d'appauvrir nos diverses industries, ces traités leur ont au contraire donné un nouvel élan.

N'oublions jamais que les conditions essentielles de prospérité pour une nation sont :

Un faible loyer des capitaux ;

La facilité des transports ;

La facilité des débouchés ;

Et surtout un grand marché d'approvisionnement de toutes les matières premières, et redisons en terminant ce qui a été déjà dit par d'autres.

Désormais, dans l'industrie comme à la guerre, la prépondérance ou la victoire appartiendront à celui qui aura l'outillage le plus perfectionné.

Or, cette supériorité, on ne pourra l'obtenir que par l'aiguillon de la concurrence étrangère : la liberté.

AIMÉ BOUTAREL.

10 mai 1872.

Chartres. — Imp. de Georges Durand, rue de l'Hospice.

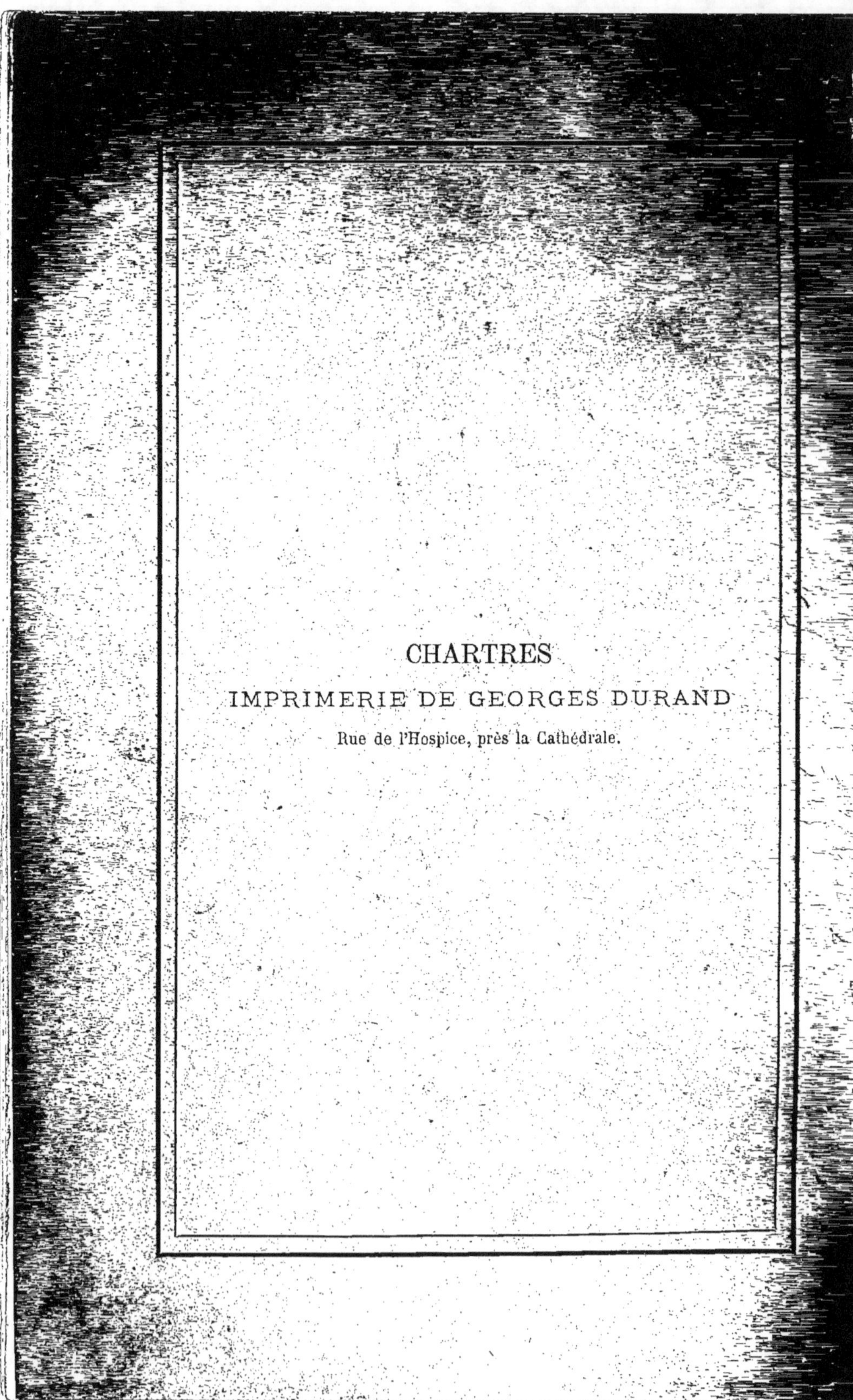

CHARTRES

IMPRIMERIE DE GEORGES DURAND

Rue de l'Hospice, près la Cathédrale.